Inhaltsverzeichnis

Münzen und Scheine kennen lernen

Kreuze den größeren Wert an.

1 bis 3 Wiederholung der Münzen und Scheine bis 20 Euro (aus Heft B4/C4). 4 Große Euro-Scheine kennen lernen, Zahl, Euro und Euro-Zeichen aufschreiben.

Geldbeträge bestimmen

1 Wie viel Euro sind es?

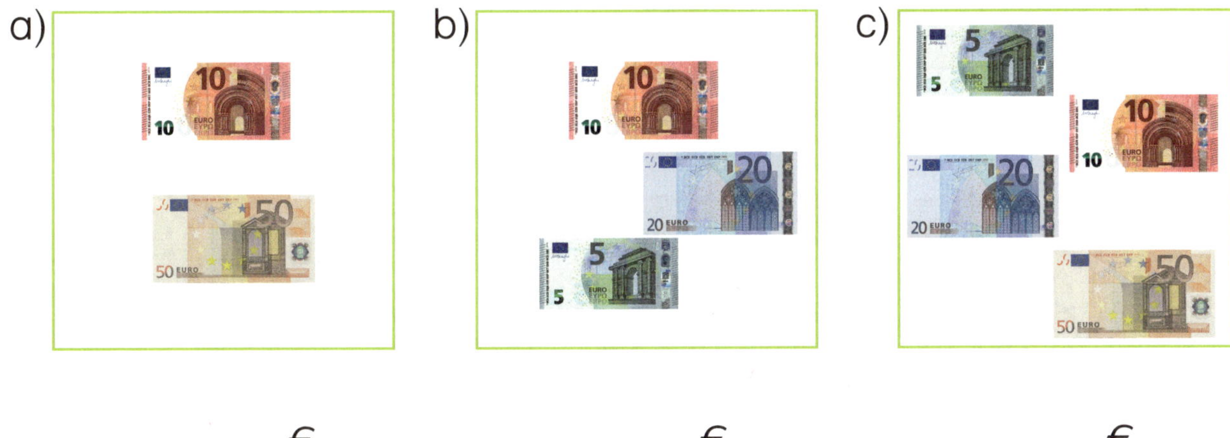

a) ______ €   b) ______ €   c) ______ €

2 Wie viel Cent sind es?

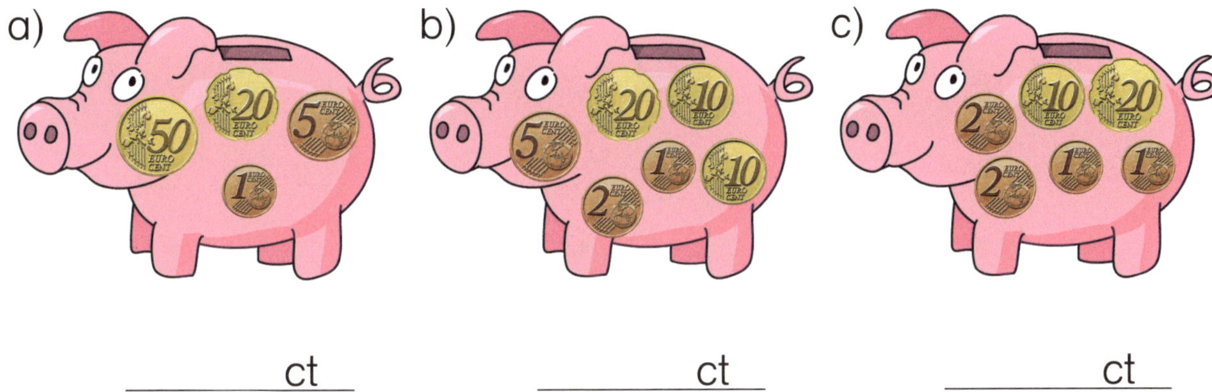

a) ______ ct   b) ______ ct   c) ______ ct

3 a) Wie viel Geld haben die Kinder gespart? Trage ein.

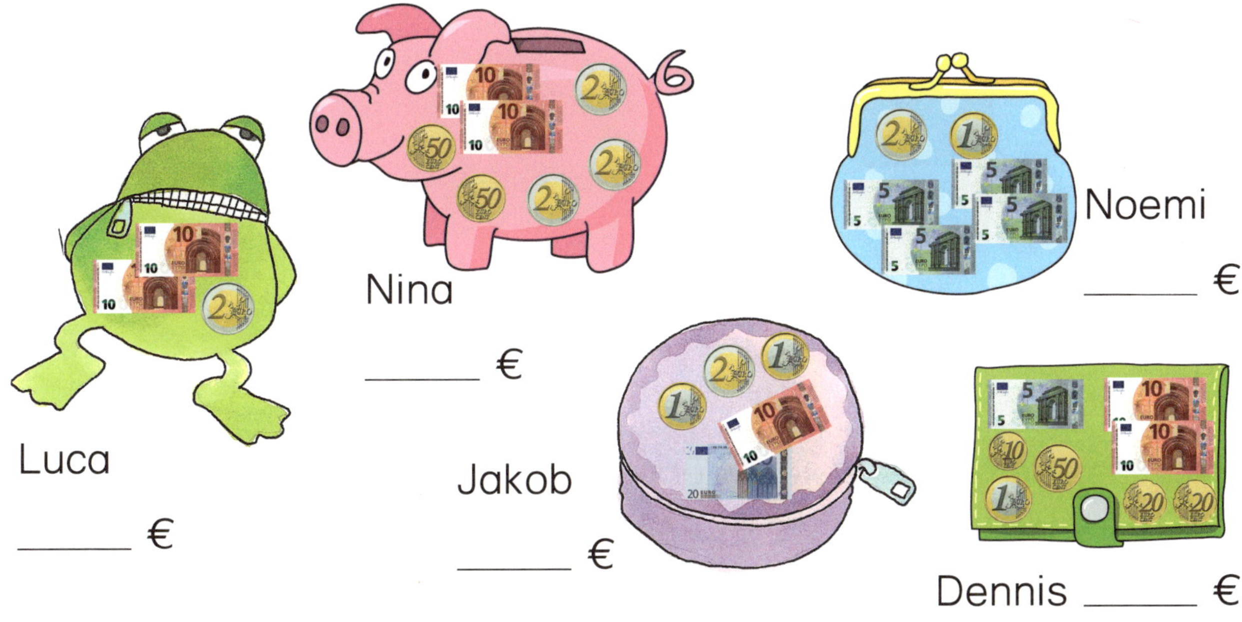

Nina ______ €

Noemi ______ €

Luca ______ €

Jakob ______ €

Dennis ______ €

b) Wer hat am meisten gespart? ____________

c) Wer hat am wenigsten gespart? ____________

2 bis 3 Geldbeträge mit Rechengeld nachlegen und Geldwerte zusammenzählen.

Kommaschreibweise bei Geld

1

2 Wie viel Geld hat jedes Kind? Schreibe auch mit Komma.

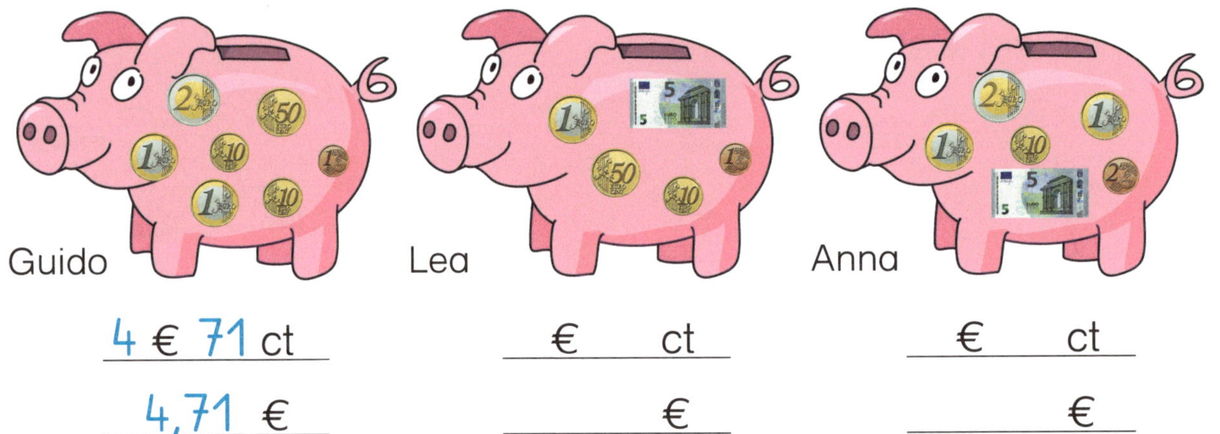

Guido	Lea	Anna
4 € 71 ct	€ ct	€ ct
4,71 €	€	€

3 Wie viel Geld hat jedes Kind? Schreibe auch mit Komma.

a)

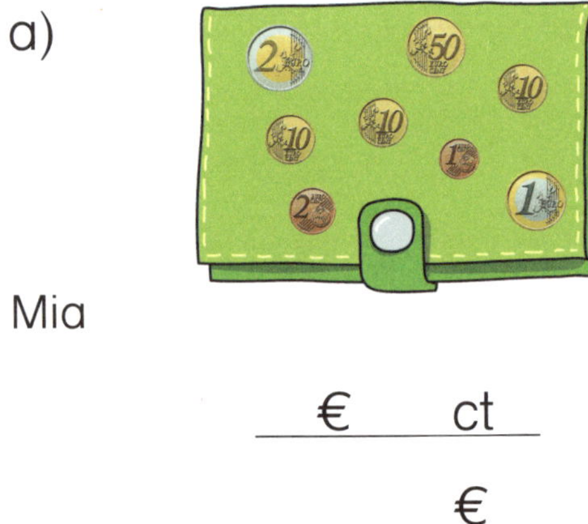

Mia

b)

Leon

a) Mia	b) Leon
€ ct	€ ct
€	€

4 Bestimme die Geldbeträge. Schreibe auch mit Komma.

a) b) c)

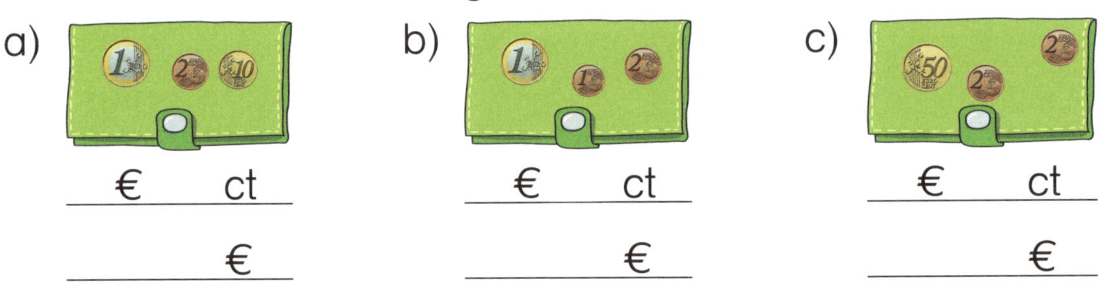

a)	b)	c)
€ ct	€ ct	€ ct
€	€	€

1 Schreib- und Sprechweise bei Kommazahlen einführen. 2 bis 4 Geldbeträge mit Rechengeld nachlegen, Geldwerte zusammenzählen und in zwei Schreibweisen aufschreiben. 4 Besonders auf die Null achten.

1

€ ct

€

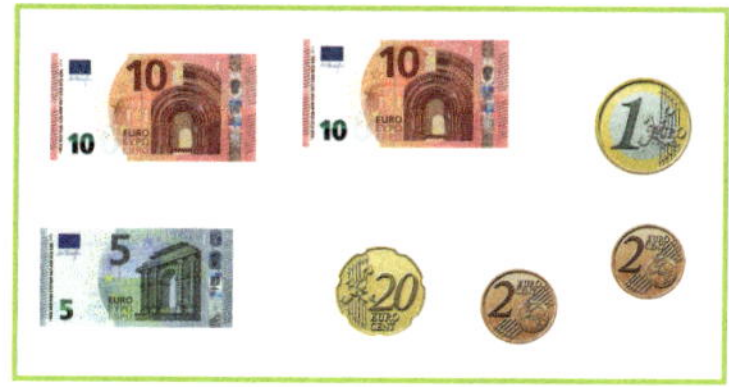

€ ct

€

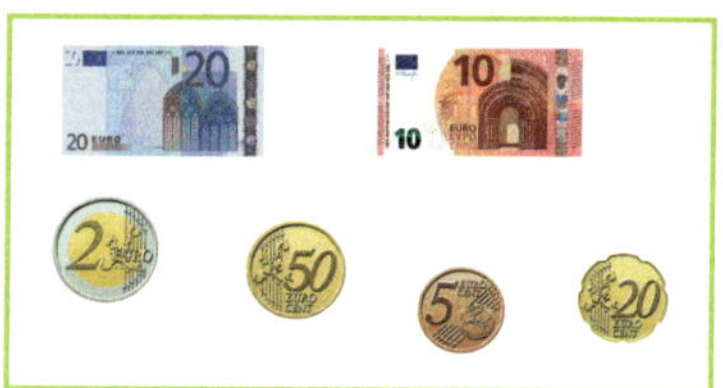

€ ct

€

2

€ ct

€

€ ct

€

€ ct

€

3 Schreibe mit Komma.

a) 2 € 35 ct = ____
4 € 80 ct = ____
7 € 75 ct = ____

b) 6 € 5 ct = ____
3 € 8 ct = ____
9 € 1 ct = ____

c) 12 € 50 ct = ____
18 € 25 ct = ____
27 € 99 ct = ____

d) 31 € 7 ct = ____
0 € 80 ct = ____
50 € 5 ct = ____

4 Bestimme die Geldbeträge.

a)

Mia

€ ct

€

Ludwig

€ ct

€

Alban

€ ct

€

b) Vergleiche und trage ein.

Mia hat ____ Geld als Ludwig.

Ludwig hat ____ Geld als Alban.

Rechnen mit Geldbeträgen

1 Wie viel kostet es zusammen?

a)

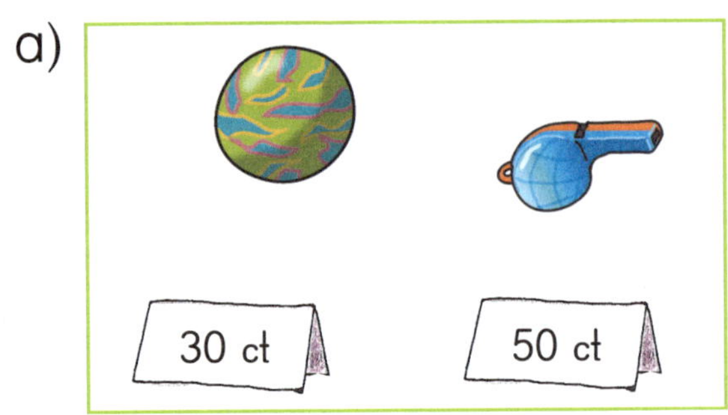

___ ct + ___ ct = ___ ct

b)

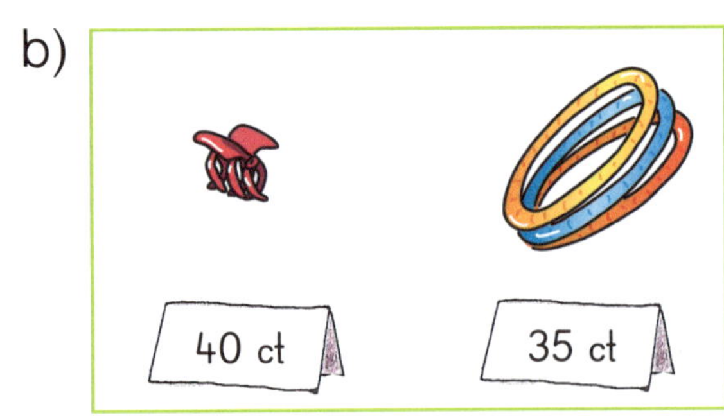

___ ct + ___ ct = ___ ct

c)

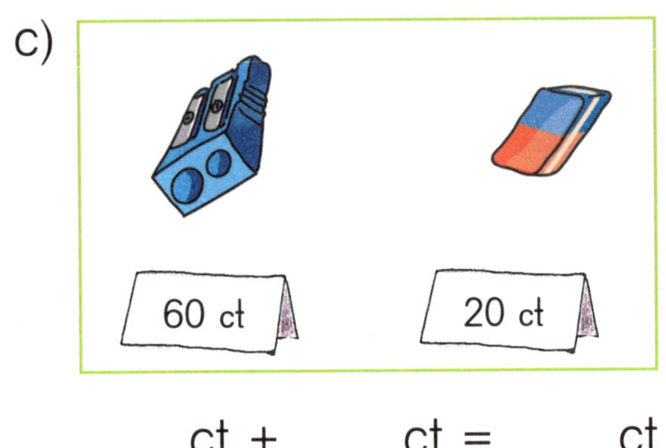

___ ct + ___ ct = ___ ct

d)

___ ct + ___ ct = ___ ct

2 Wie viel kostet es zusammen?

a)

___ € + ___ € = ___ €

b)

___ € + ___ € = ___ €

c)

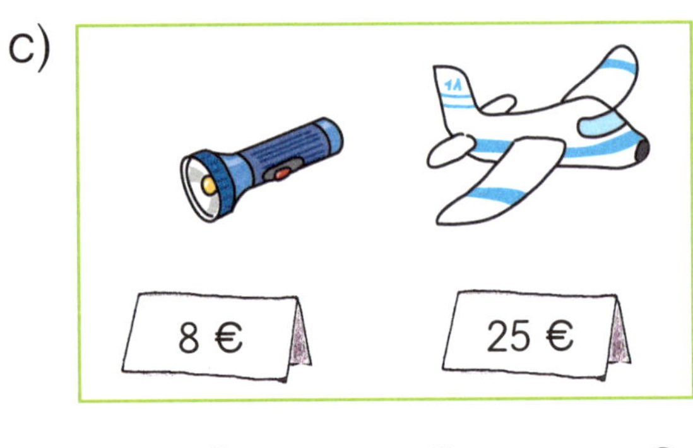

___ € + ___ € = ___ €

d)

___ € + ___ € = ___ €

1 bis 2 Gegebenenfalls mit Rechengeld nachlegen.

1 bis 6 Einkaufssituation mit Rechengeld nachspielen. In Schritten mit passenden Münzen und Scheinen ergänzen. Das Rückgeld aufschreiben.

Zentimeter und Millimeter

1

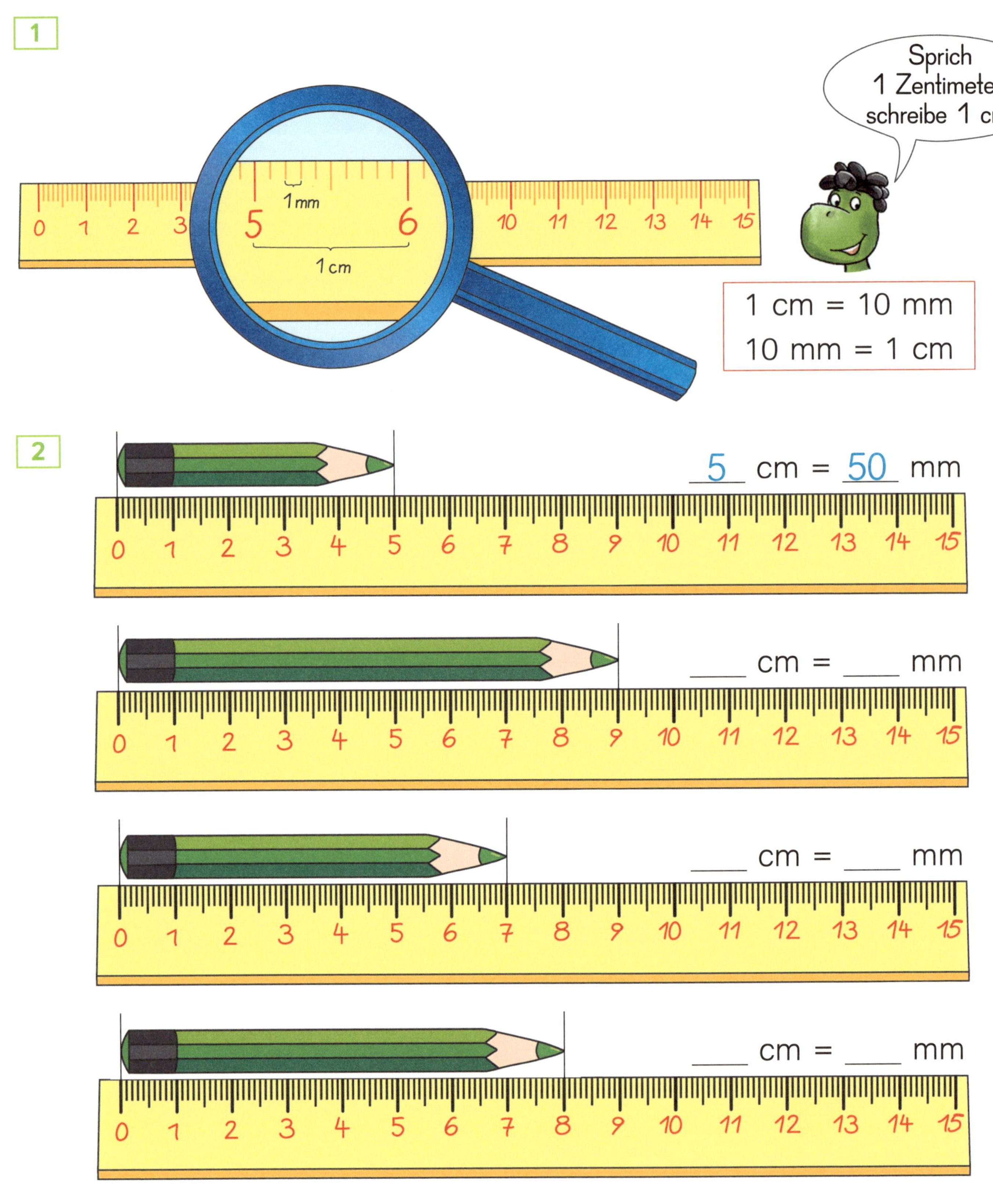

3 Rechne um.

10 mm = ___ cm	30 mm = ___ cm	20 mm = ___ cm
60 mm = ___ cm	70 mm = ___ cm	40 mm = ___ cm
80 mm = ___ cm	100 mm = ___ cm	50 mm = ___ cm

1 Einteilung auf dem Lineal besprechen. 2 Länge der Bleistifte ablesen und als Zentimeter und Millimeter aufschreiben.

1

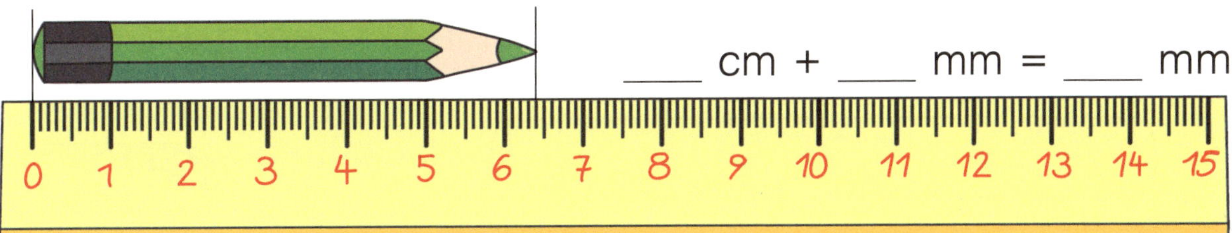

___ cm + ___ mm = ___ mm

___ cm + ___ mm = ___ mm

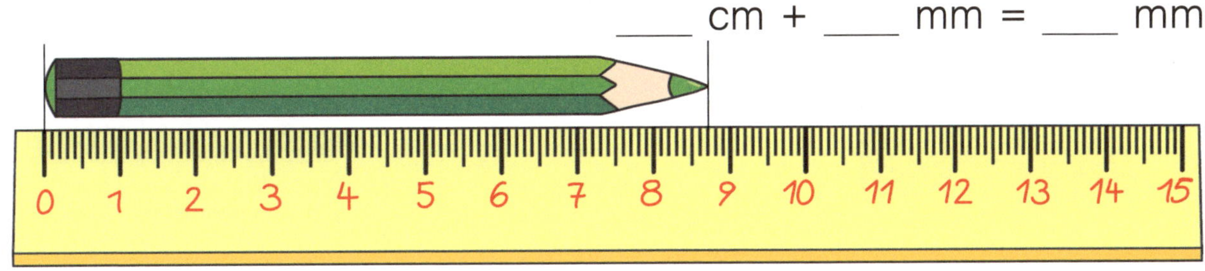

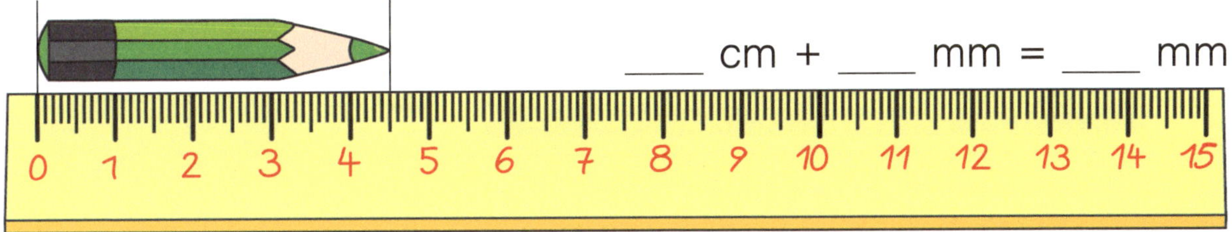

___ cm + ___ mm = ___ mm

___ cm + ___ mm = ___ mm

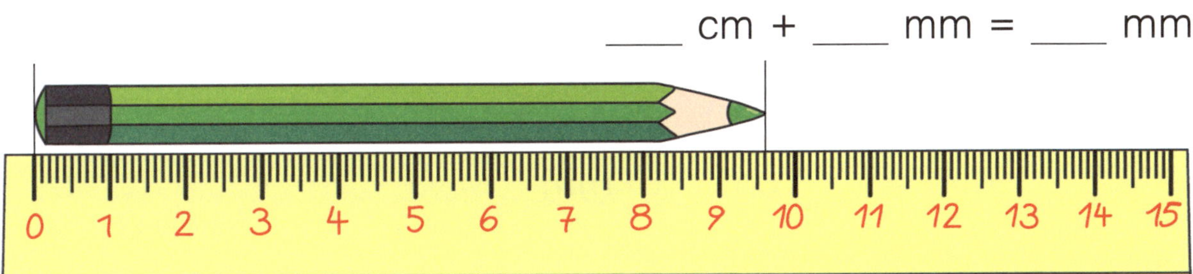

2 Rechne um.

4 cm 7 mm = 47 mm

9 cm 3 mm = ___ mm

1 cm 5 mm = ___ mm

7 cm 8 mm = ___ mm

2 cm 2 mm = ___ mm

3 cm 9 mm = ___ mm

6 cm 5 mm = ___ mm

8 cm 6 mm = ___ mm

3

87 mm = 8 cm 7 mm

68 mm = ___ cm ___ mm

42 mm = ___ cm ___ mm

17 mm = ___ cm ___ mm

25 mm = ___ cm ___ mm

59 mm = ___ cm ___ mm

31 mm = ___ cm ___ mm

97 mm = ___ cm ___ mm

1 Länge der Bleistifte ablesen und als Zentimeter und Millimeter aufschreiben.

Längen ablesen

1 Nimm dein Lineal und miss. Lies die Längen in Millimeter ab.

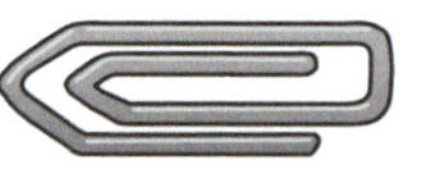

85 mm = 8 cm 5 mm

___ mm = ___ cm ___ mm

___ mm = ___ cm ___ mm

___ mm = ___ cm ___ mm

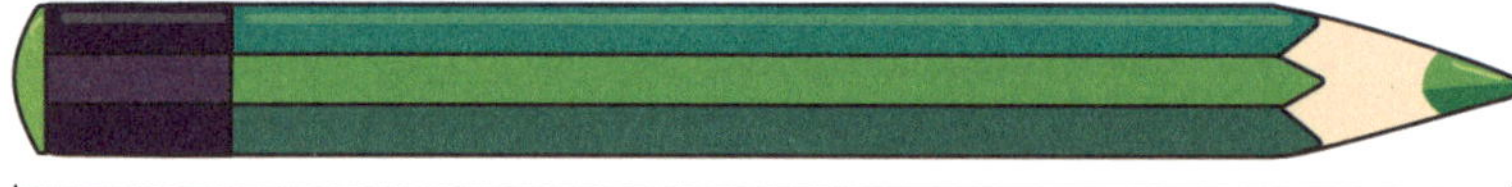

___ mm = ___ cm ___ mm

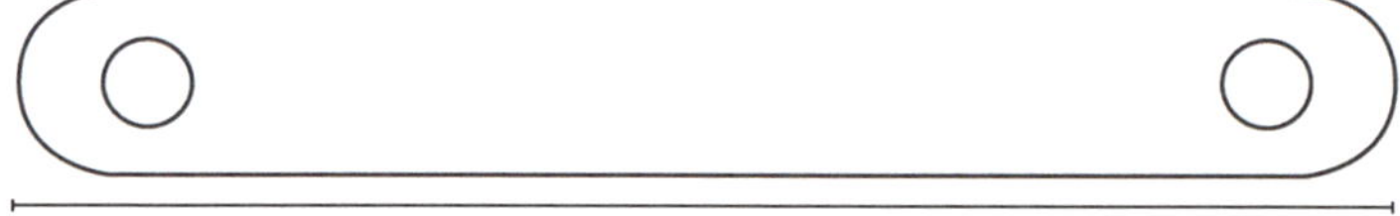

___ mm = ___ cm ___ mm

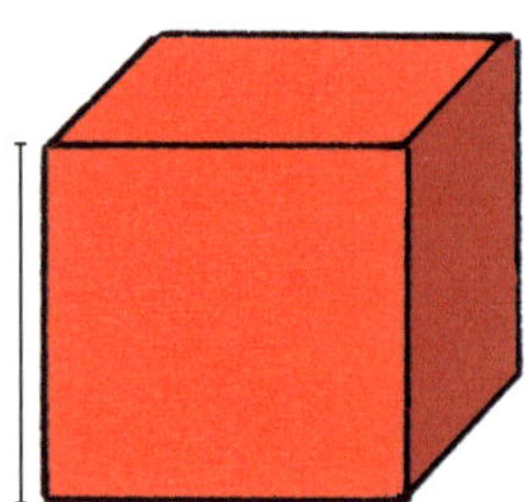

___ mm = ___ cm ___ mm

2 Welcher Streifen ist länger? Miss und kreuze an.

a)

___ mm ☐ ___ mm ☐

b)

___ mm ☐ ___ mm ☐

1 Zeichne Strecken mit dem Lineal.

a) 4 cm

b) 6 cm

c) 90 mm

d) 27 mm

e) 53 mm

f) 95 mm

g) 84 mm

h) 9 mm

i) 4 cm 5 mm

j) 8 cm 2 mm

k) 9 cm 9 mm

l) 7 cm 1 mm

1 Die 0 des Lineals exakt an dem kleinen, senkrechten Strich anlegen.

1

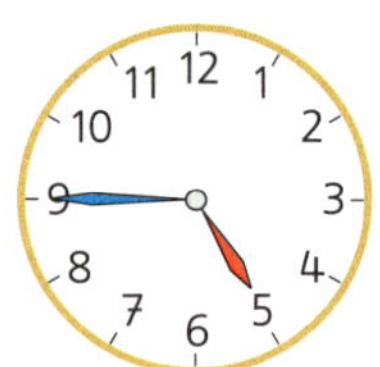

4 Uhr	Viertel nach 4	halb 5	Viertel vor 5
Eine	Eine	Eine	Eine
volle Stunde	Viertelstunde	halbe Stunde	Dreiviertelstunde
hat 60 Minuten.	hat 15 Minuten.	hat 30 Minuten.	hat 45 Minuten.

2

Schlafen: 1.15 Uhr
Viertel nach ____

Aufstehen: 6.45 Uhr
Viertel vor ____

Frühstück: 7.30 Uhr
halb ____

3 Wie spät ist es?

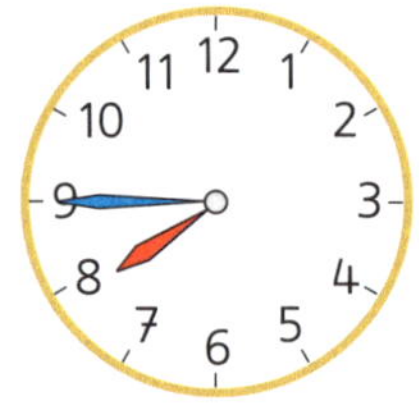
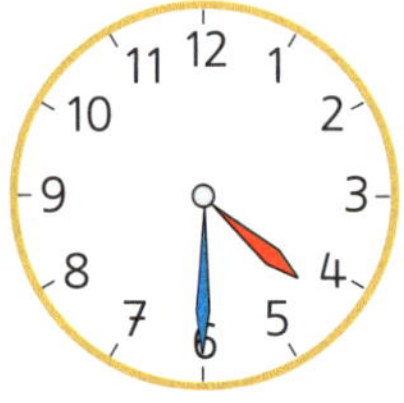
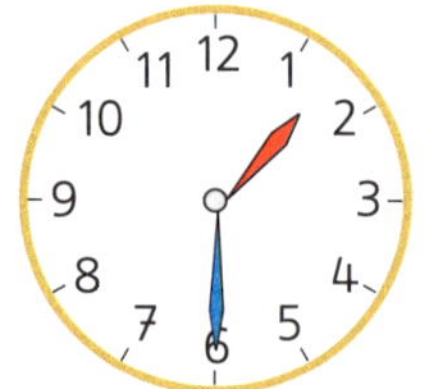
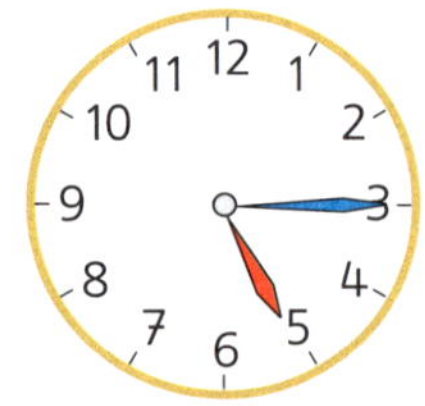

________ Uhr	________ Uhr	________ Uhr	________ Uhr
____________	____________	____________	____________

4

4.30 Uhr	4.15 Uhr	2.45 Uhr	3.30 Uhr
____________	____________	____________	____________

1 bis 2 Schreib- und Sprechweise bei Uhrzeiten einführen. 3 Uhr ablesen, beide Schreibweisen eintragen. 4 Zeiger einzeichnen und die zweite Schreibweise eintragen.

1

Schule: ______ Uhr
______

Pause: ______ Uhr
______

Sportstunde: ______ Uhr
______

2

______ Uhr
______

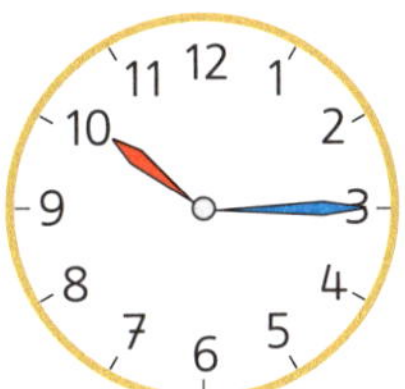

______ Uhr
______

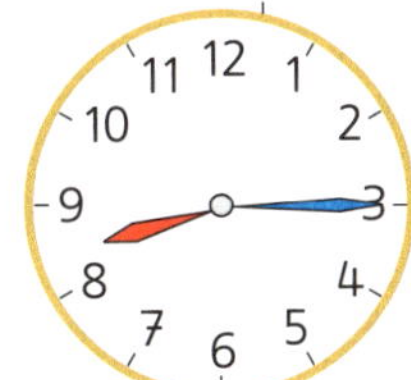

______ Uhr
______

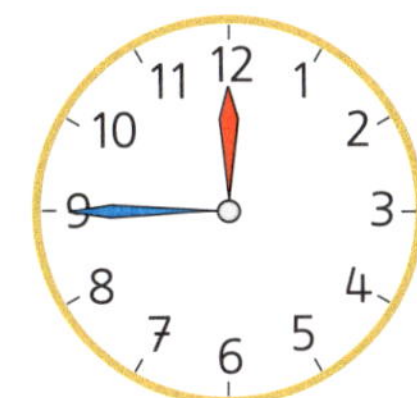

______ Uhr
______

3

10.30 Uhr
______

8.45 Uhr
______

11.30 Uhr
______

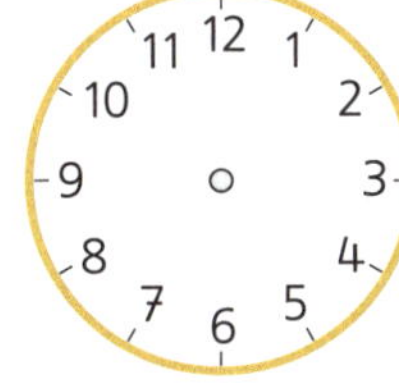

8.15 Uhr
______

4

9.15 Uhr
______

12.30 Uhr
______

11.45 Uhr
______

13.15 Uhr
______

1 bis 2 Uhr ablesen, beide Schreibweisen eintragen. 3 bis 4 Zeiger einzeichnen und die zweite Schreibweise eintragen.

Am Mittag und am Nachmittag

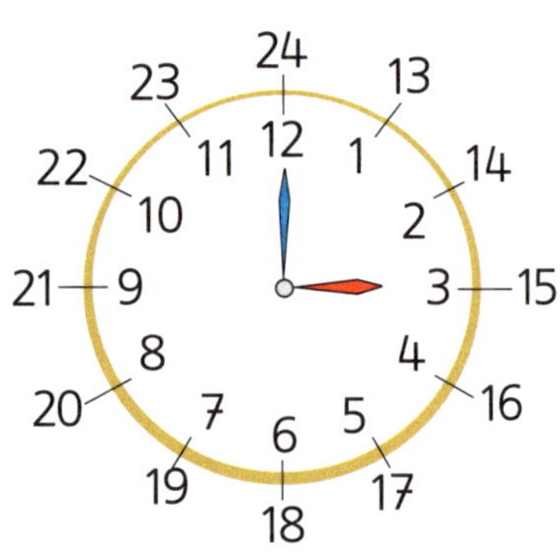

Ein Tag hat 24 Stunden.	Hausaufgaben:	Freizeit:
	14.45 Uhr	______ Uhr
	______	______

2

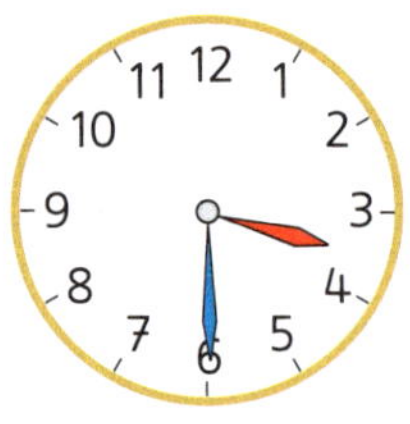

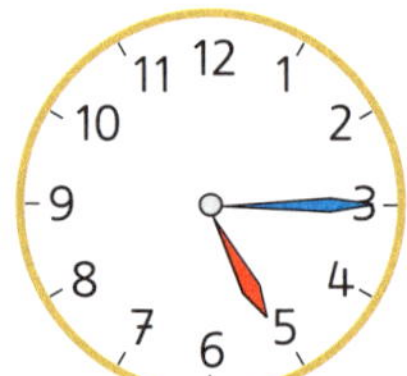

______ Uhr	______ Uhr	______ Uhr	______ Uhr
______	______	______	______

3

14.45 Uhr	14.30 Uhr	16.15 Uhr	15.30 Uhr
______	______	______	______

4

13.45 Uhr	12.30 Uhr	15.15 Uhr	17.45 Uhr
______	______	______	______

1 bis 2 Uhr ablesen, beide Schreibweisen eintragen. 3 bis 4 Zeiger einzeichnen und die zweite Schreibweise eintragen.

1

Abendessen:

_______ Uhr

____

Zähne putzen:

_______ Uhr

____

Schlafen:

_______ Uhr

____

2

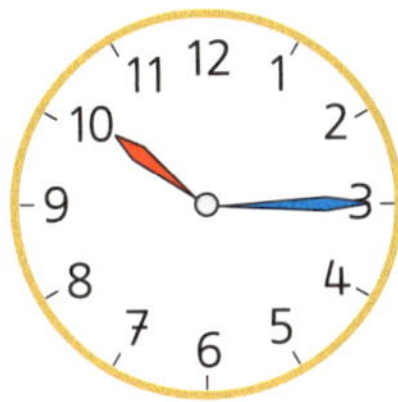

_______ Uhr

____

_______ Uhr

____

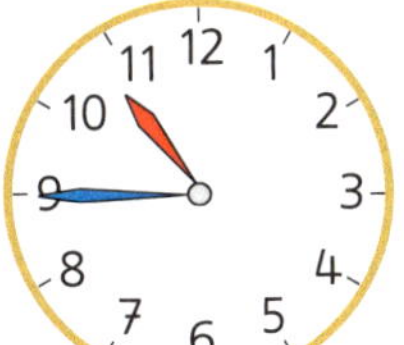

_______ Uhr

____

_______ Uhr

____

3

23.30 Uhr

____

20.45 Uhr

____

18.15 Uhr

____

18.45 Uhr

____

4

23.15 Uhr

____

21.45 Uhr

____

22.30 Uhr

____

19.15 Uhr

____

1 bis 2 Uhr ablesen, beide Schreibweisen eintragen. 3 bis 4 Zeiger einzeichnen und die zweite Schreibweise eintragen.

1 Trage alle drei Möglichkeiten ein.

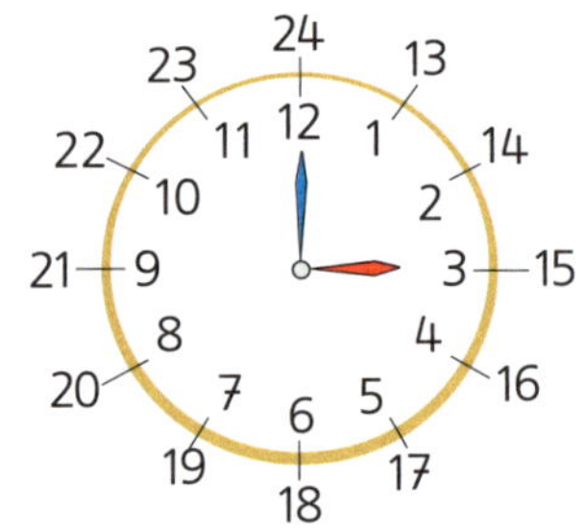

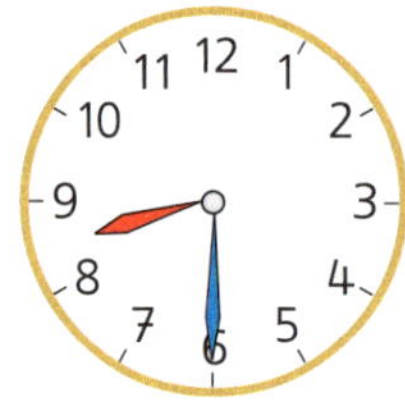

Ein Tag hat 24 Stunden.

8.30 Uhr	______ Uhr	______ Uhr
20.30 Uhr	______ Uhr	______ Uhr
halb 9	______	______

2

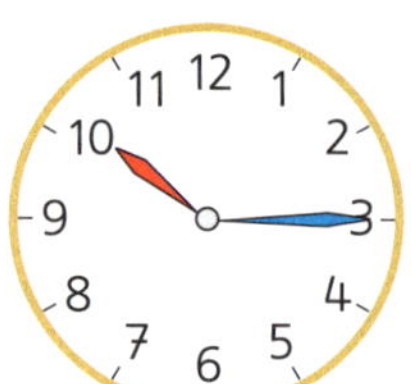

______ Uhr	______ Uhr	______ Uhr	______ Uhr
______ Uhr	______ Uhr	______ Uhr	______ Uhr
Viertel vor 7	______	______	______

3

4.15 Uhr	8.30 Uhr	6.45 Uhr	0.15 Uhr
16.15 Uhr	______ Uhr	______ Uhr	______ Uhr
Viertel nach 4	______	______	______

4

6.30 Uhr	______ Uhr	______ Uhr	______ Uhr
18.30 Uhr	______ Uhr	______ Uhr	______ Uhr
halb 7	Viertel vor 4	Viertel nach 12	halb 11

1

______ Uhr	______ Uhr	______ Uhr	______ Uhr
12.30 Uhr	19.45 Uhr	18.15 Uhr	16.30 Uhr
halb 1	______	______	______

______ Uhr	______ Uhr	0.45 Uhr	Uhr
16.45 Uhr	______ Uhr	______ Uhr	______ Uhr
______	halb 6	______	Viertel vor 9

2 Überlege, zu welcher Tageshälfte die Tätigkeit passt.
Schreibe die Uhrzeit auf.

______ Uhr

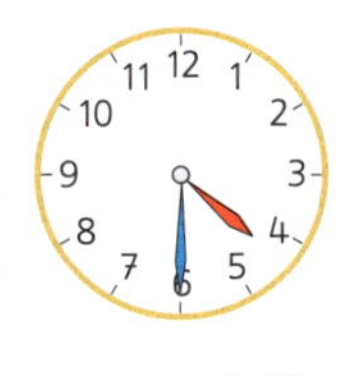
______ Uhr

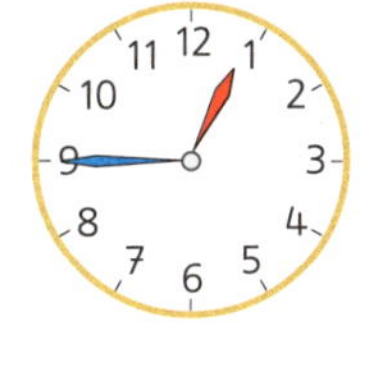
______ Uhr

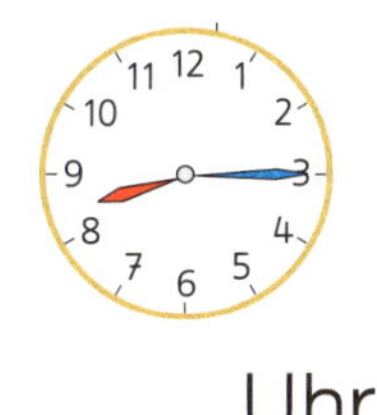
______ Uhr

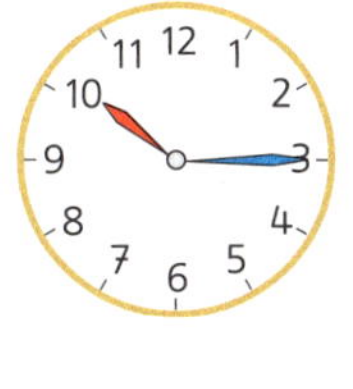
______ Uhr

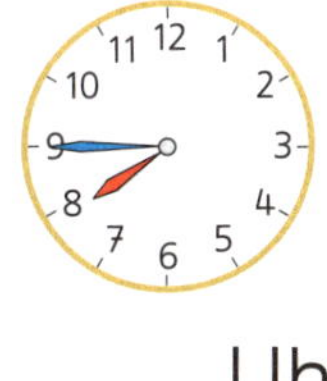
______ Uhr

3 Stelle auf deiner Lernuhr ein:

14.30 Uhr   17.45 Uhr   4.15 Uhr   11.30 Uhr   0.45 Uhr

Zeitspannen

1

2 Wie viele Minuten sind vergangen?

3 Wie viele Minuten sind vergangen?

3 In der linken Aufgabe wird bis zur vollen Stunde ergänzt. In der rechten Aufgabe werden zu der linken Zeitspanne die Minuten addiert, die von der vollen Stunde aus noch vergangen sind.

1 Wie viele Minuten sind vergangen?

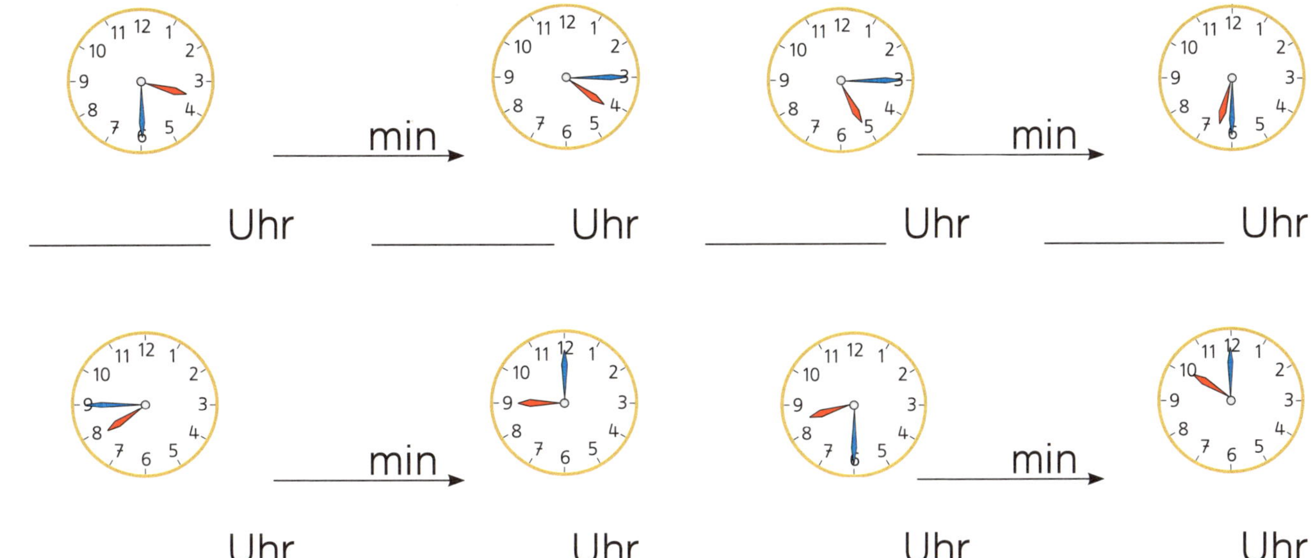

2 Wie spät ist es dann? Zeichne die Zeiger ein und schreibe die Uhrzeiten auf.

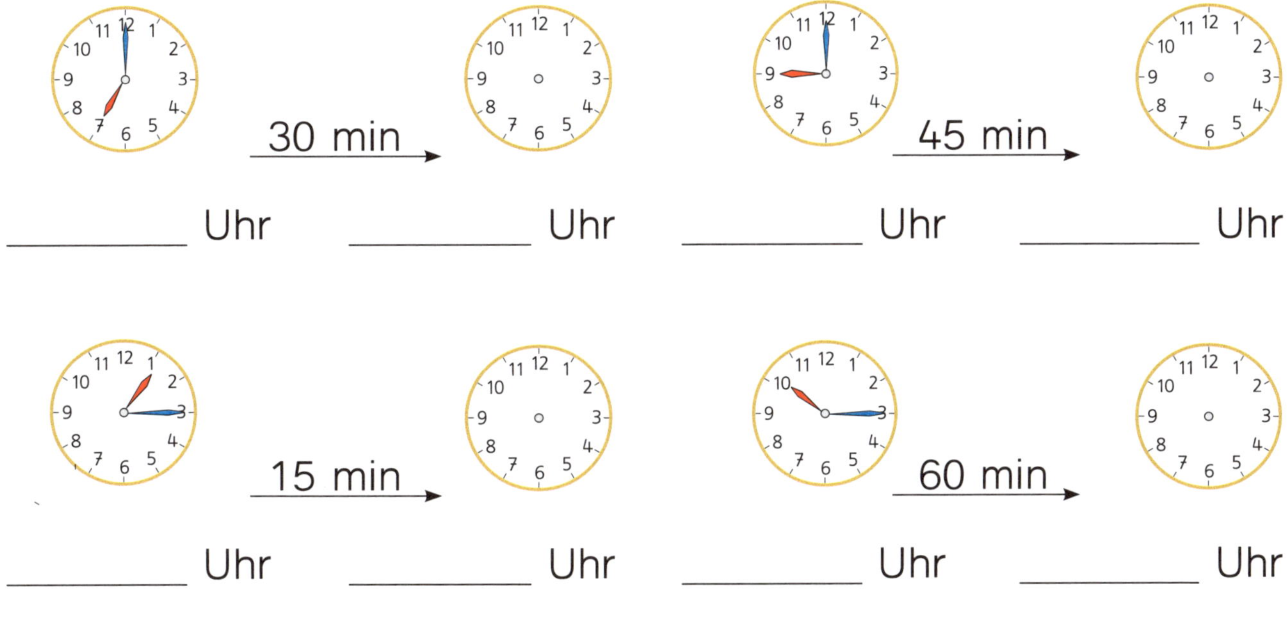

3

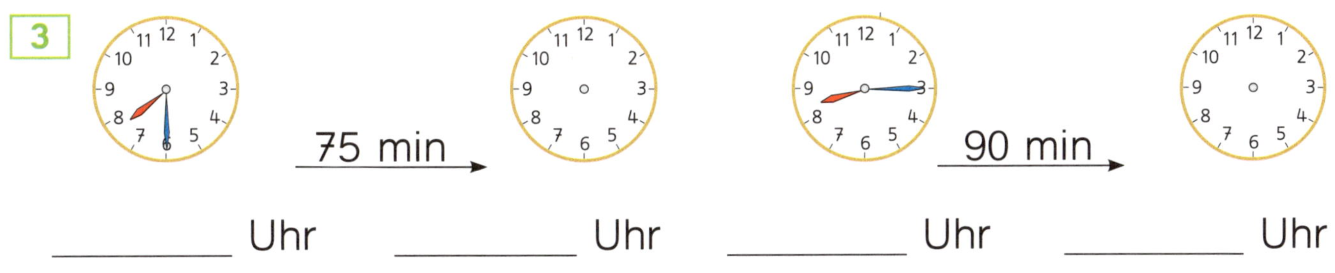

1 Ein Jahr hat 12 Monate.
Sie sind in folgender Reihenfolge geordnet:

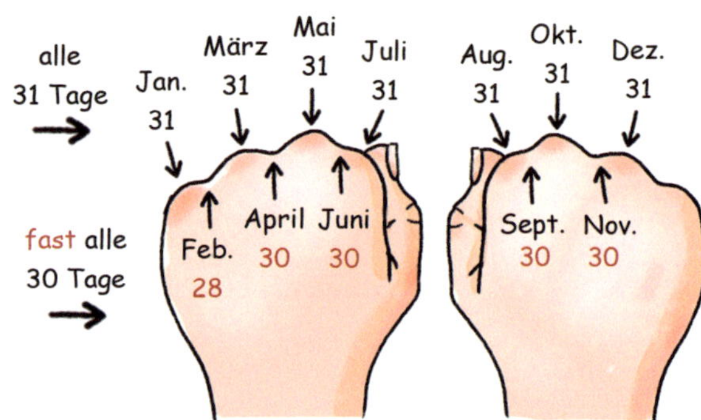

2 Die Monate haben unterschiedlich viele Tage.
Schaue im Kalender nach.

Januar ___ Tage | Mai ___ Tage | September ___ Tage

Februar ___ Tage | Juni ___ Tage | Oktober ___ Tage

März ___ Tage | Juli ___ Tage | November ___ Tage

April ___ Tage | August ___ Tage | Dezember ___ Tage

3 Der 4. Monat im Jahr heißt ______________________.

Der 8. Monat im Jahr heißt ______________________.

Der 1. Monat im Jahr heißt ______________________.

Der 6. Monat im Jahr heißt ______________________.

Der 12. Monat im Jahr heißt ______________________.

4 Schreibe das Datum in der Kurzform auf und notiere den Wochentag.

lang	kurz	Wochentag
5. Januar 20___	05.01.20___	
23. März 20___		
7. April 20___		
28. Mai 20___		
31. August 20___		
12. September 20___		
19. Dezember 20___		

4 Den Kindern einen Kalender zur Verfügung stellen. Das Kalenderjahr ergänzen. Kurzform und Wochentag eintragen.

1 Eine Woche hat 7 Tage. Die Wochentage sind in folgender Reihenfolge geordnet:

Montag	Dienstag	Mittwoch	Donnerstag	Freitag	Samstag	Sonntag

2 Fülle die Lücken richtig aus, ergänze Wochentag und Datum.

Heute ist ______________, der ______________.

Morgen ist ______________, der ______________.

Übermorgen ist ______________, der ______________.

In 4 Tagen ist ______________, der ______________.

Gestern war ______________, der ______________.

Vorgestern war ______________, der ______________.

Vor 5 Tagen war ______________, der ______________.

3 An welchem Tag sind in diesem Jahr die Feiertage?

Feiertag	Datum	Wochentag
Neujahr		
Tag der deutschen Einheit		
Karfreitag		
Ostersonntag		
Christi Himmelfahrt		
Pfingstmontag		
1. Weihnachtstag		

4 An welchem Tag ist in diesem Jahr ...

	Datum	Wochentag
Dein Geburtstag		
Geburtstag von ______________		
Schulfest		

2 bis 3 Datum und Wochentag im Kalender heraussuchen und aufschreiben. 4 In Leerzeile eigenes, wichtiges Ereignis eintragen.

Ebene Figuren

1 Sortiere die Figuren. Auf welches Plakat gehören sie? Schreibe die Nummern auf.

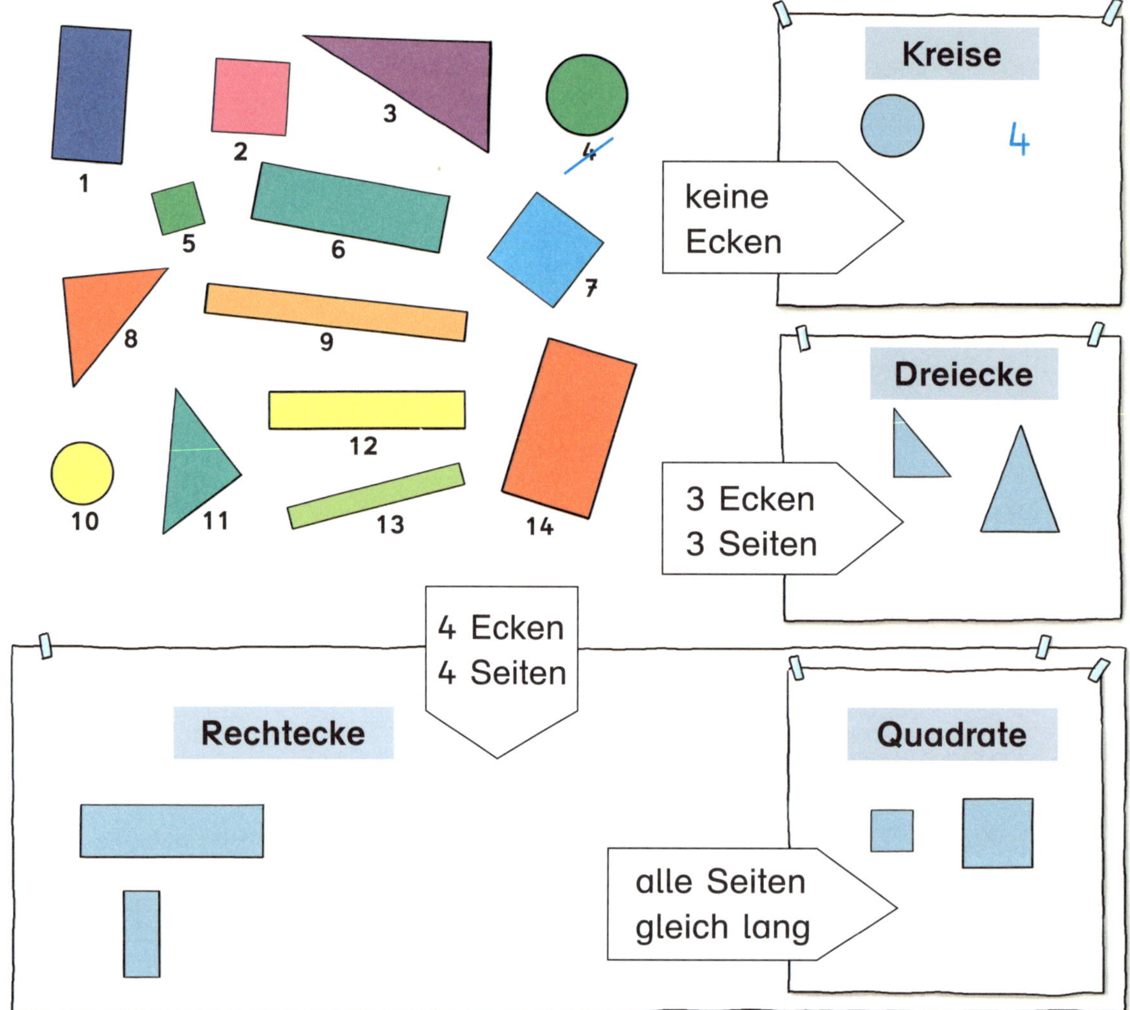

2 Ergänze die Sätze.

Kreise haben __ Ecken.

Dreiecke haben __ Ecken und __ Seiten.

Rechtecke haben __ Ecken und __ Seiten.

Quadrate sind besondere Rechtecke, denn alle Seiten sind ______ lang.

3 Welche Figuren passen nicht? Streiche sie durch.

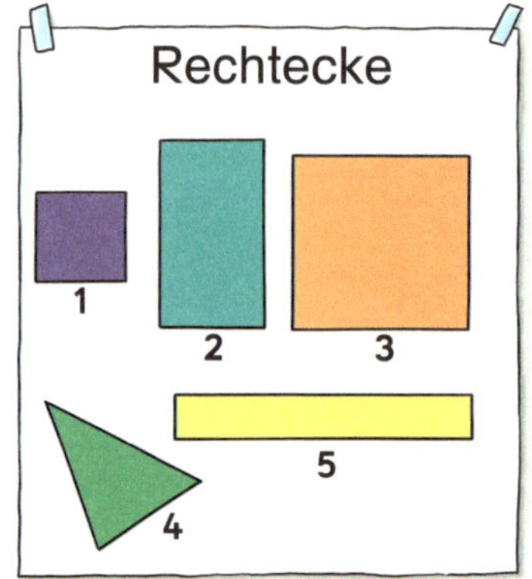

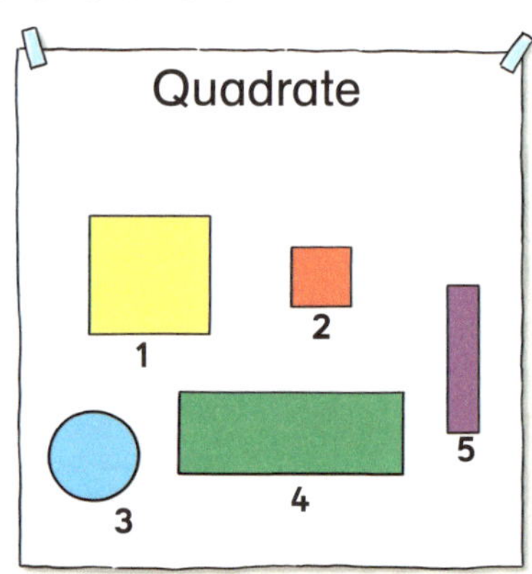

1

2

Die Figur hat 4 Ecken und 4 Seiten. Alle Seiten sind gleich lang. Es ist ein ____________.

Die Figur ist rund. Es ist ein ____________.

Die Figur hat 3 Ecken und 3 Seiten. Es ist ein ____________.

3

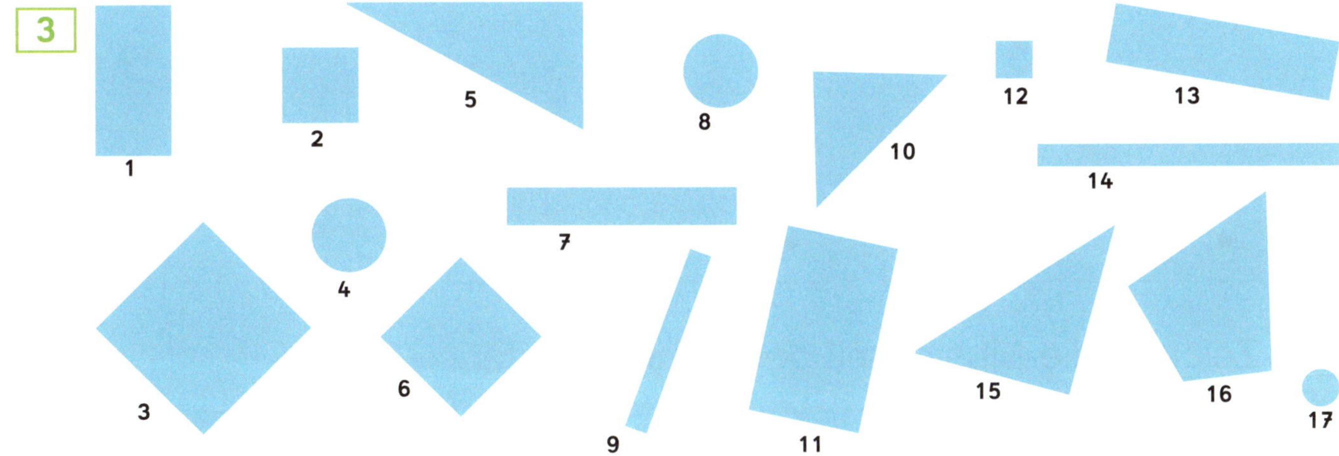

a) Welche Figuren sind Dreiecke? ____________________

b) Welche Figuren sind Quadrate? ____________________

c) Welche Figuren sind Rechtecke? ____________________

d) Welche Figuren sind Kreise? ____________________

Ebene Figuren zeichnen

1 Verbinde die Punkte mit dem Lineal. Färbe die Quadrate blau.

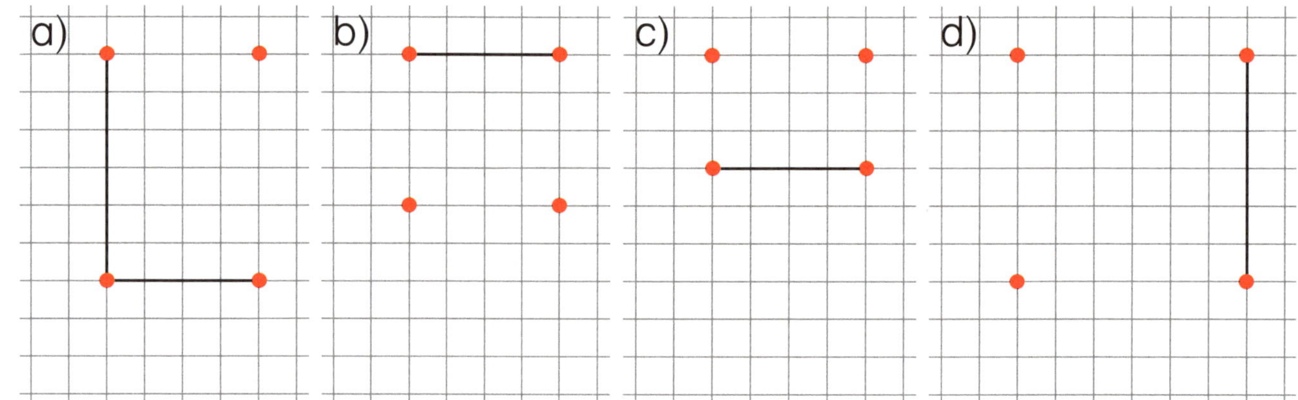

2 Alles Quadrate. Zeichne mit dem Lineal. Färbe die Quadrate blau.

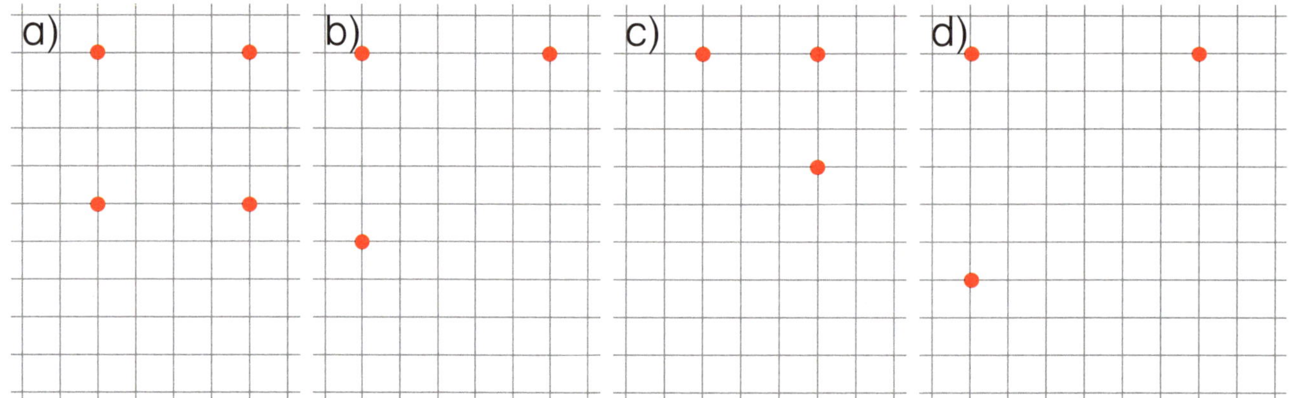

3 Verbinde die Punkte so, dass Dreiecke entstehen. Färbe sie rot.

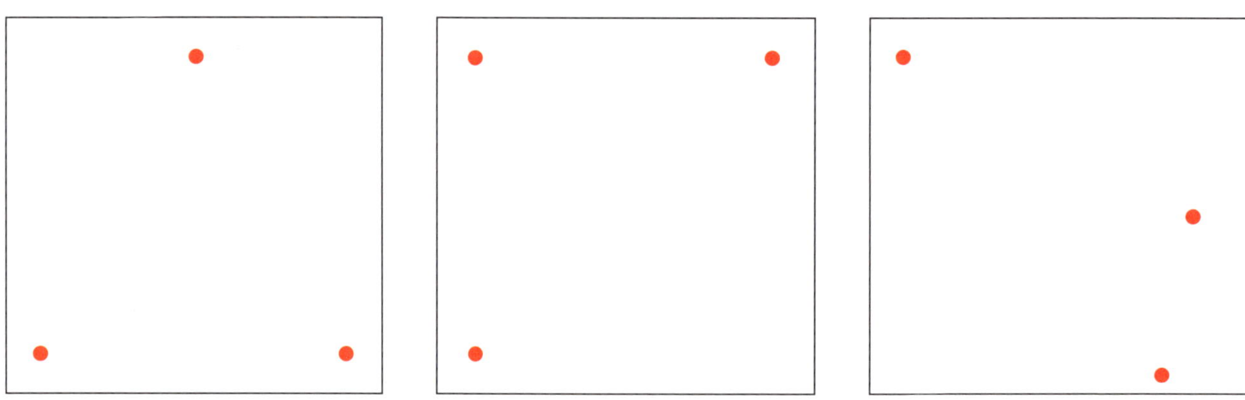

4 Zeichne die Muster mit dem Lineal weiter.

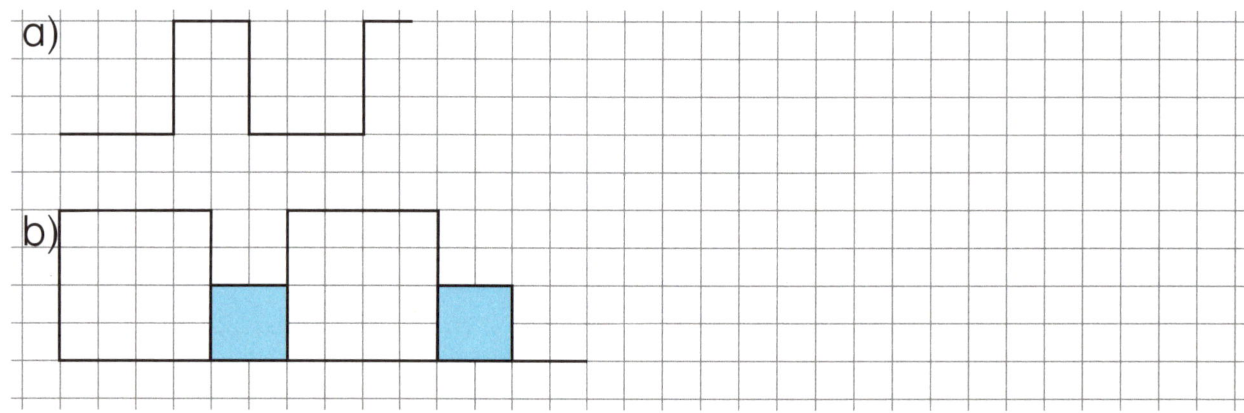

Setze die Muster fort.

1
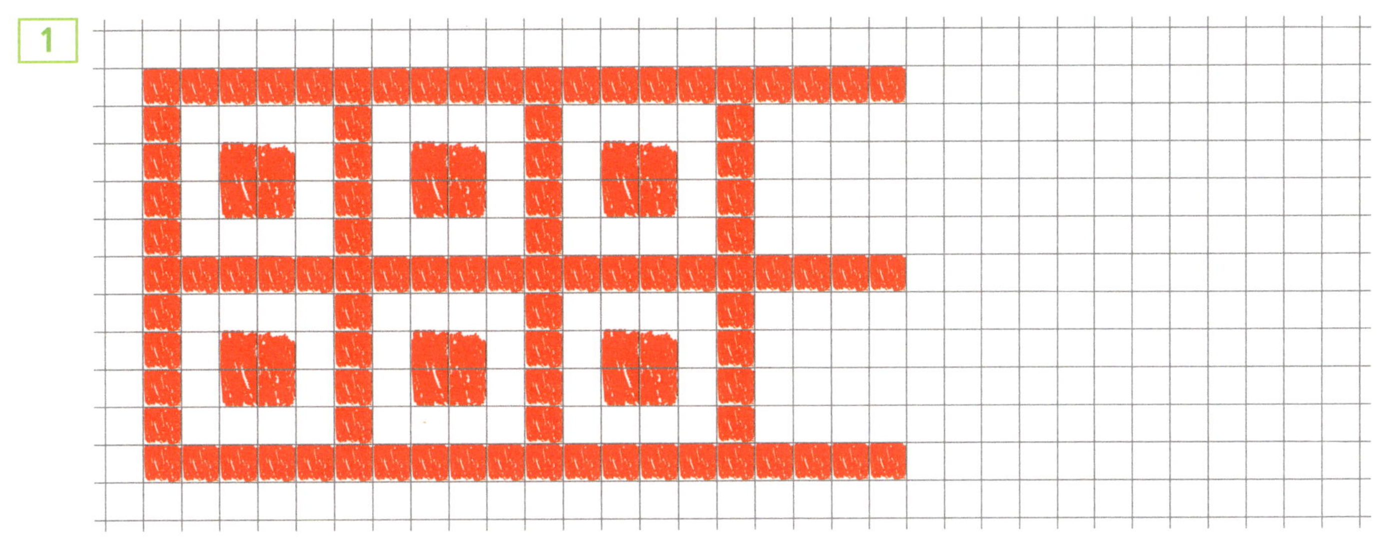

2
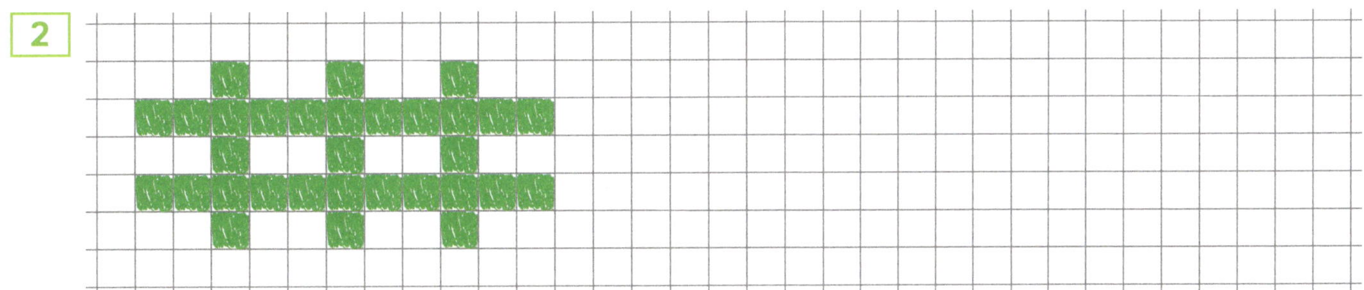

3
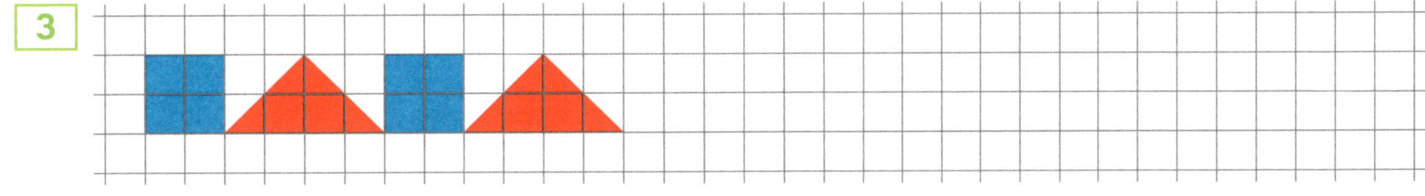

4
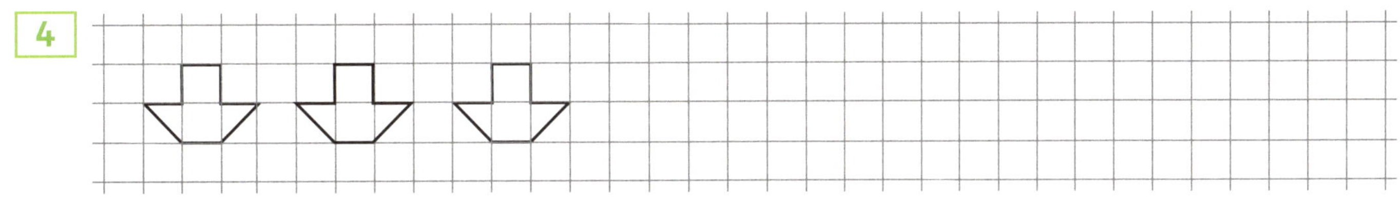

5
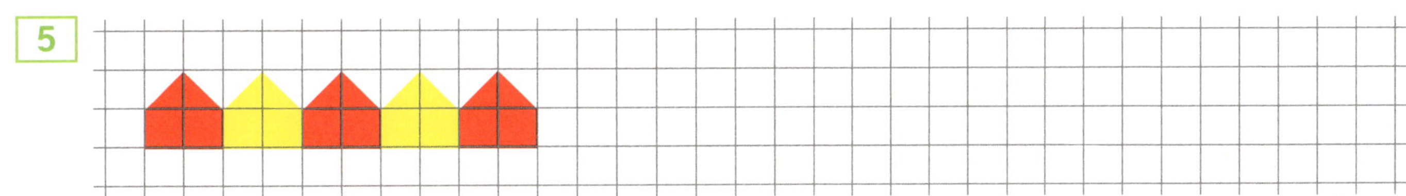

Sachaufgaben zur Multiplikation

Lena hat Geburtstag. Mutter backt für die Kindergeburtstagsfeier.

1 Wie viele Muffins hat Mutter gebacken?

____

____

2 Wie viele Donuts hat Mutter gebacken?

____

____

3 Wie viele Pizzaschnecken hat Mutter gebacken?

____

____

4 Außerdem kauft Mutter noch Mini-Schaumküsse ein.

Wie viele Schaumküsse sind in der Packung?

____

____

5 Lena hat 7 Kinder eingeladen. Jedes Kind trinkt 3 Gläser Saft.

Wie viele Gläser sind es?

____

____

5 Bei der Lösung beachten, dass Lena auch Saft trinkt.

Für ihre Geburtstagsfeier hat sich Lena viele Spiele ausgedacht.

1 Beim Ringewerfen braucht jedes Kind 3 Ringe.
Lena hat 15 Ringe besorgt.

- Wie viele Kinder können mitspielen?
- ____
- ____

2 Beim Murmelspiel bekommt jeder Spieler 8 Murmeln.
Lena hat 48 Murmeln gekauft.

- Wie viele Kinder können mitspielen?
- ____
- ____

3 In der Spielpause gibt es für alle Gummibärchen.
Lena hat 7 Gäste. In der Tüte sind 56 Gummibärchen.

- Wie viele Gummibärchen bekommt jedes Kind?
- ____
- ____

4 Weiter geht es mit dem Luftballonspiel.
Lena hat 24 Luftballons für sich und ihre Gäste.

- Wie viele Ballons bekommt jedes Kind?
- ____
- ____

3 Bei der Lösung beachten, dass Lena auch Gummibärchen bekommt.

Sachrechnen mit Geld

1 Susi kauft sich von ihrem Taschengeld die Puppe und den Ball.

- Wie viel Euro muss Susi bezahlen?
- 29 € + ______________________
- ______________________

2 Lars kauft das Skateboard und das Buch.

- ______________________?
- ______________________
- ______________________

3 Alina kauft die Rollschuhe und den Teddy.

- ______________________?
- ______________________
- ______________________

4 Julian kauft das Auto und das Buch.

- ______________________?
- ______________________
- ______________________

1 Mama kauft die Puppe. Sie zahlt mit einem 50-€-Schein.

- ____________________?
- ____________________
- ____________________

2 Paul kauft das Skateboard. Er zahlt mit einem 100-€-Schein.

- ____________________?
- ____________________
- ____________________

3 Ali hat 85 € gespart. Er kauft sich das Buch für 18 €.

- ____________________?
- ____________________
- ____________________

4 Helin hat 63 € Taschengeld gespart. Sie kauft sich die Rollschuhe.

- ____________________?
- ____________________
- ____________________

5 Mia kauft das Buch und den Ball. Sie zahlt mit einem 50-€-Schein.

- ____________________?
- ____________________
- ____________________

1

19 €

38 €

a) Mateo kauft sich von seinem Taschengeld ein Auto und ein PSP-Spiel.

Wie viel Euro muss er bezahlen?

b) Mateo hat einen 50-€-Schein und einen 20-€-Schein.

?

2

je 7 €

a) Amelie kauft 6 kleine Bücher aus dem Angebot.

?

b) Amelie bezahlt mit einem 50-€-Schein.

?

c) Lennard hat 28 € gespart und will sich davon kleine Bücher aus dem Angebot kaufen.

?

1 In der Werkstatt sollen 6 Autos neue Reifen bekommen.

______________________________?

____

____

____

____

2 Die Mutter hat ihren 3 Kindern eine Tüte Bonbons mitgebracht. In der Tüte sind 27 Bonbons.

______________________________?

____

____

3 a) In Linas Säckchen sind 35 Murmeln. Nele schenkt ihr noch 18 Murmeln.

______________________________?

____

____

b) Lars hat 93 Murmeln. Davon gibt er 25 Murmeln an Peter ab.

______________________________?

____

____

Geld

Zwei Schreibweisen:

1 € = 1,00 € 2 € 55 ct = 2,55 € 3 € 9 ct = 3,09 €

Längen

1 Meter ist gleich 100 Zentimeter 1 m = 100 cm

1 Zentimeter ist gleich 10 Millimeter 1 cm = 10 mm

Zwei Schreibweisen:

8 cm 5 m = 85 mm 48 mm = 4 cm 8 mm

Zeit

4 Uhr
Eine volle Stunde hat 60 Minuten.

Viertel nach 4
Eine Viertelstunde hat 15 Minuten.

halb 5
Eine halbe Stunde hat 30 Minuten.

Viertel vor 5
Eine Dreiviertelstunde hat 45 Minuten.

Kalender

Ein Jahr hat 12 Monate.
Sie sind in folgender Reihenfolge geordnet:

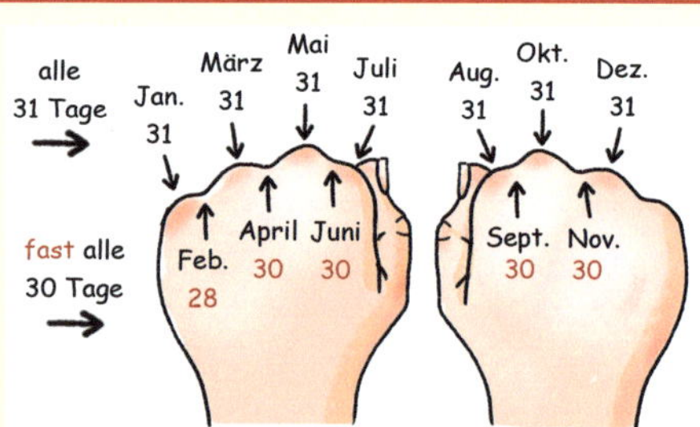

Eine Woche hat 7 Tage.
Die Wochentage sind in folgender Reihenfolge geordnet:

Montag	Dienstag	Mittwoch	Donnerstag	Freitag	Samstag	Sonntag

Ebene Figuren

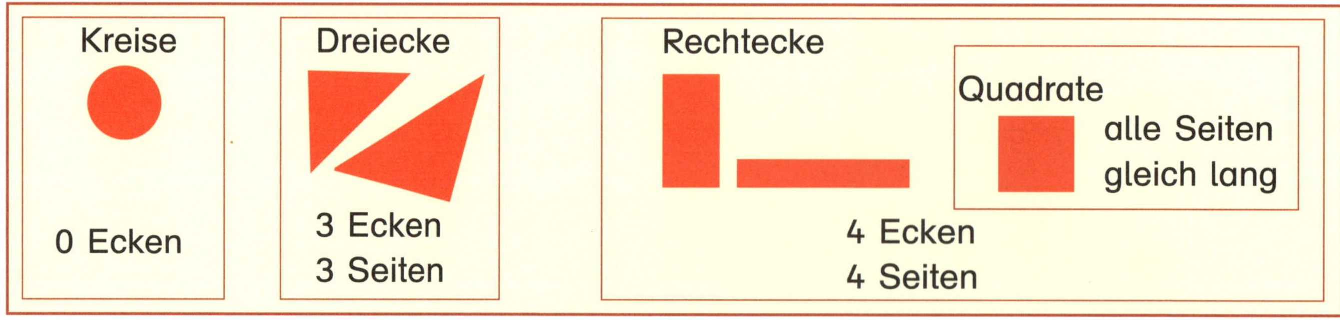

Kreise
0 Ecken

Dreiecke
3 Ecken
3 Seiten

Rechtecke
4 Ecken
4 Seiten

Quadrate
alle Seiten gleich lang